Путь к жизни

Путь к жизни

ALDIVAN TORRES

Canary Of Joy

CONTENTS

1 | Путь к жизни   1

1

Путь к жизни

" Путь к жизни"
Альдиван Торрес

Автор: Альдиван Торрес
©2020- Альдиван Торрес
Все права защищены.
Серия: Культивирование мудрости

Эта книга, включая все ее части, защищена авторским правом и не может быть воспроизведена без разрешения автора, перепродана или загружена.

Альдиван Торрес — писатель, объединенный в несколько жанров. До сих пор названия были опубликованы на десятках языков. С раннего возраста он всегда был любителем искусства письма, консолидировав профессиональную карьеру со второй половины 2013 года. Он надеется, своими трудами, внести свой вклад в международную культуру, пробуждая удовольствие от чтения у тех, у кого нет привычки. Ваша миссия состоит в том, чтобы завоевать сердца каждого из ваших читателей. Помимо литературы, его основными развлечениями являются музыка, путешествия, друзья, семья и удовольствие от самой жизни. «Для литературы, равенства, братства, справедливости, достоинства и чести человека всегда» - его девиз.

Путь к жизни
Путь
Зная, как быть критичным
Бастера жизни
Закон о возвращении
Соотношение сбора растений
Дать милостыню или нет?
Акт обучения и обучения
Как действовать перед лицом измены
Любовь порождает больше любви
Действовать от имени бедных, исключенных и подчиненных
Последнее сообщение
Путь благополучия
Пути к Богу
Хорошие мастера и ученики
Хорошая практика для того, чтобы оставаться трезвым
Ценность через пример
Чувство во вселенной
Чувствую себя божественно
Изменяю порядок
Неравенство в мире против справедливости
Сила музыки
Как бороться со злом
Я непонятная
Опыт проблем
На работе
Путешествие
Искать права
Верь в полной любви
Зная, как управлять отношениями
Массаж

Принятие моральных ценностей
Иметь дух истинного друга
Приготовьтесь есть
Танцуй
Продолжаем
Концепция Божья
Шаги совершенствования
И что я должен чувствовать?
Роль образования
Вывод
Победа духовных и мягких врагов
Отношения между мужчиной и Богом
Верить в Яве в боль
Быть честным человеком веры
Христос
Миссия человека
Будь Христом
Два пути
Выбор
Мой опыт
Место назначения
Миссия
Значение видения
Забудь о проблемах
Рождение и смерть — процессы
Бессмертие
Будь упрежден
Бог есть дух
Видение веры
Следуй моим заповедям
Мертвая вера
У меня есть другое видение
От слабости приходит сила

Что делать в сложном финансовом положении

Встречаются с семейными проблемами

Преодолеть болезнь или даже смерть

Встречайся с собой

София

Справедливость

Приют в нужное время

Соблазн мира против пути Божия

Узнаюсь с Яхве

Праведные и отношения с Яхве

Отношения с Яхве

Забудь о проблемах

Рождение и смерть — процессы

Бессмертие

Будь упрежден

Бог есть дух

Видение веры

Следуй моим заповедям

Мертвая вера

У меня есть другое видение

От слабости приходит сила

Что делать в сложном финансовом положении

Встречаются с семейными проблемами

Преодолеть болезнь или даже смерть

Встречайся с собой

София

Справедливость

Приют в нужное время

Соблазн мира против пути Божия

Узнаюсь с Яхве

Праведные и отношения с Яхве

Отношения с Яхве

Что ты должен сделать

Я даю вам всю надежду

Дружба

Прощение

Найди свой путь

Как жить на работе

Жить с жестокими людьми на работе

Готовлюсь к получению автономных доходов на работу

Анализ вариантов специализации в области исследований

Как жить в семье

Что такое семья

Как уважать и уважать

Финансовая зависимость

Важность примера

Путь

Идите с хорошими парнями, и вам будет покой. Прогуляйся с плохими парнями, и ты будешь несчастен. Скажи мне, с кем ты тусуешься, и я скажу тебе, кто ты. Это мудрое выражение показывает, насколько важно быть избирательным в дружбе. Однако, я считаю, что это все опыт обучения. Чтобы узнать, нужно делать ошибки, или эксперименты должны экспериментировать, чтобы знать, что тебе нравится. Опыт является первостепенным фактором эволюции человека, поскольку мы блуждаем с тех пор, как мы стали жертвами реальности искупления и доказательств.

Зная, как быть критичным

Мы постоянно развиваемся. Обычно критиковать себя и всегда стремиться улучшить свою работу в повседневной жизни. Но не требуй слишком много от себя. Время учит и взрослеет твои идеи. Разделите свои задачи таким образом, чтобы у вас было достаточно отдыха. Переполненный разум не создает ничего удобного. Время посадки и сбора урожая.

Нужно сопереживание и контроль. Если твой напарник ошибается, давайте ему хороший совет, но не воссоздавайте его. Помните, что мы не можем судить друг друга, потому что мы также несовершенны и недостатки. Это был бы слепой человек, который ведет к другому слепому, который не приносит плодов. Отражай, планируй и осознай. Они являются необходимыми основами для успеха.

Если ты босс, требуй навыков у своих подчиненных, но также быть понимающим и человеком. Наше развитие препятствует рабочие условия, которые переполнены тяжелыми и негативными вибрациями. Для этого требуется сотрудничество, выполнение работы, определение, планирование, контроль и терпимость в условиях труда это называется демократизация труда, которая является важным элементом в ведении бизнеса, поскольку наше общество является многогранным и многогранным. Поэтому окружающая среда должна быть местом социальной интеграции.

Клиенты и потребители восхищаются крупными компаниями, которые стремятся к интеграции и устойчивости. Это создает весьма позитивный образ внутри организации и за ее пределами. Помимо этого, ценности единства, неуважения, достоинства и чести способствуют бесконечности бизнеса. В этом случае я рекомендую пунктуальную встречу с высококвалифицированными специалистами, такими, как: психолог, техник по вопросам человеческих отношений, администраторы, успешные менеджеры, писатели, медицинские работники, в частности.

Бастера жизни

Мы находимся на грани полной неравной толпы. Некоторые обладают знанием больше, а другие знают меньше. Однако каждый из нас может учить или учить. Мудрость не измеряется по возрасту или социальному состоянию, это божественный дар. Тогда мы найдем нищего, который мудрее успешного бизнесмена. Она измеряется не финансовой мощью, а путем строительства ценностей, которые делают нас более человечными. Успех или неудача — это лишь следствие наших действий.

Наши первые хозяева — наши родители. Значит, наша семья — наша основа ценностей. Потом мы поддерживаем контакты с обществом и школой. Все это отражает нашу личность. Пока у нас всегда есть выбор. Называемая свободной волей, это условие свободы всех существ и должно соблюдаться. Я могу выбрать свой путь, но я должен нести последствия. Помни, мы получили только то, что растим. Вот почему ты называешь это хорошим деревом, оно приносит хорошие фрукты

Мы рождаемся с преданностью к добру, но часто окружающая среда наносит нам вред. Ребенок, страдающий от репрессий и страданий, не развивается таким же образом, как и богатый ребенок. Это называется социальное неравенство, где немногие имеют много денег, а многие люди бедны. Неравенство — великое зло мира. Это большая несправедливость, которая причиняет страдания и ущерб части населения, находящегося в менее благоприятном положении. Я думаю, нам нужно больше политики социальной интеграции. Нам нужны рабочие места, доходы и возможности. Я думаю, благотворительность — это потрясающий акт любви, но я думаю, что это унизительно жить именно так. Нам нужны труды и достойные условия выживания. Надеемся на лучшие дни. Как хорошо покупать вещи на нашу работу, а не подвергаться дискриминации. Нам нужна возможность каждого без какой-либо дискриминации. Нам нужны рабочие места для чернокожих, коренного населения, женщин, гомосексуалистов, транссексуалов, для всех.

Я думаю, что выход из новой модели устойчивости будет совместная работа элиты с правительством. Меньше налогов, больше финансовых стимулов, меньше бюрократии помогут уменьшить неравенство. Зачем человеку нужны миллиарды на их банковском счете? Это совершенно ненужно, даже если это плод вашего труда. Нам нужно налогом облагать огромные удачи. Нам также необходимо собрать долги крупных компаний по труду и налогообложению, чтобы создать дивиденды. Зачем привилегирован богатым классом? Мы все граждане, обладающие правами и обязанностями. Мы одинаковые перед законом, но на самом деле мы неравны.

Закон о возвращении

Время страданий

Когда наступает время страданий, и кажется, что все несправедливые будут процветать, будь уверены. Рано или поздно они падут, и праведные победят. Пути Яве неизвестны, но они прямы и мудры, ни в коем случае он не бросит тебя, даже если мир осуждает тебя. Он делает это, чтобы название его вечно распространялось из поколения в поколение.

Соотношение сбора растений

Все, что вы делаете на земле ради себя, написано в книге жизни. Каждый совет, пожертвования, отдел, финансовая помощь, добрые слова, комплименты, сотрудничество в благотворительных работах, является шагом к процветанию и счастью. Не думай, что помогать другому благу — это для тех, кому помогают. Напротив, ваша душа больше всего приносит пользу вашим действиям, и вы можете получить более высокие рейсы. Будь уверена, что ничего не бесплатно, то добро, которое мы получили сегодня, мы растим в прошлом. Вы когда-нибудь видели, как поддерживают дом без фонда? Так что, с каждым нашим действием тоже происходит.

Дать милостыню или нет?

Мы живем в мире жестокого и полного мошенников. Для многих людей с хорошими финансовыми условиями обычно просить милостыню для обогащения, скрытого акта кражи, который отстраняет и без того неправильное вознаграждение рабочих. Перед лицом этой повседневной ситуации многие отказываются помогать в подаче просьбы о милостыне. Это лучший вариант?

Лучше анализировать на индивидуальной основе, почувствовать намерение человека. На улице много бедствий, нет способа помочь всем, это правда. Но когда разрешит твоё сердце, помоги. Даже если это мошенничество, грех будет в намерении другого человека Ты сделал свою часть, способствовал менее неравноправному и гуманному миру. Поздравляю.

Акт обучения и обучения

Мы в мире искупления и испытаний, в мире, постоянно меняющемся. Чтобы адаптироваться к этой среде, мы находимся в богатом процессе обучения, который отражен во всех условиях. Используй эту возможность, поглощай хорошее и отрицай плохое, чтобы твоя душа могла развиваться на пути к отцу.

Всегда будь благодарен. Слава Богу за семью, друзей, путешешников, учителсй жизни и всех, кто в тебя верит. Верни Вселенную часть своего счастья, будучи посланником благого. Оно того стоит.

Как действовать перед лицом измены

Будь осторожен с людьми, не доверяй так легко. Ложные друзья не подумают дважды и не раскрывают свой секрет перед всеми. Когда это происходит, лучшее, что нужно сделать, это отступить и положить вещи в нужные места. Если ты можешь и достаточно эволюционировал, прости. Прощение освободит душу от обиды, и тогда ты будешь готов к новому опыту. Прощение не означает забыть, потому что, когда ты нарушишь свое доверие, ты не вернешься.

Учитывайте закон возвращения, который является самым справедливым законом из всех. Все, что вы сделаете не так, вернется с процентами, чтобы вы заплатили. Так что не беспокойтесь о том вреде, что они причинили вам, вы будете рядом с врагами, и Бог будет поступать праведно, дав вам то, что заслуживает каждого.

Любовь порождает больше любви

Благословен тот, кто испытывал любовь или страсть. Это самое высокое чувство, которое включает предоставление, отказ, передачу, понимание, терпимость и отчуждение от материала. Однако мы не всегда испытываем чувство, которое взаимно возлюбленный, и именно тогда возникают боль и тревога. Для взвешивания и уважения этого периода требуется время. Когда тебе станет лучше, двигайся дальше и ни о чем не жалей. Ты любил его, и в качестве награды Бог покажет другому человеку путь, что он или она пойдет вперед. Существует высокая вероятность того, что она будет отвергнута другими, чтобы оплатить причиненные страдания. Это возобновит порочный круг, где мы никогда не любим того, кого любим.

Действовать от имени бедных, исключенных и подчиненных

Ищите помощь бездомным, сиротам, проституткам, брошенным и нелюбимым. Ваша награда будет великой, потому что они не могут отплатить вам доброй воли.

В компании, школе, семье и обществе в целом обращаются с каждым человеком, независимо от их социального класса, религии, этнической принадлежности, сексуального выбора, иерархии или какой-либо специфики. Терпимость — это великая добродетель для вас, иметь доступ к высшим небесным судам.

Последнее сообщение

Ну, это сообщение, которое я хотел передать. Надеюсь, эти несколько строк просветят твоё сердце и сделают тебя лучше. Помни: всегда время измениться и делать добро. Присоединяйся к нам в этой цепи добра для лучшего мира. Увидимся в следующей истории.

Путь благополучия

Путь

Человек во всём сознании имеет два измерения: то, как он видит себя и то, как он видит общество. Самая большая ошибка в том, что он может сделать это попытаться соответствовать стандарту общества, подобного нашему. Мы живём в мире, который в основном предвзят, неравномерен, тирании, жестокости, злом, полным предательств, ложь и материальным иллюзиям. Прекратить хорошее учение и быть подлинным — лучший способ чувствовать себя признанием.

Учиться и знать себя лучше, полагаться на хорошие ценности, нравиться себе и другим, ценить семью и практику благотворительности — это способ найти успех и счастье. В этой траектории будут падения, победы, печали, счастье, моменты досуга, войны и мира. Важно, чтобы ты держался в себе веры и сильнее, чем бы ты ни верил.

Необходимо оставить все плохие воспоминания и жить дальше. Будьте уверены, что Бог Яве готовит хорошие сюрпризы, в которых вы почувствуете истинное удовольствие жизни. Будь оптимизмом и настойчивостью.

Пути к Богу

Я сын отца, который пришел помочь этому измерению в действительно последовательной эволюции. Когда я прибыл, я обнаружил, что человечество полностью запутано и отвлеклось от главной цели моего отца в его создании. Сегодня мы видим то, что чаще всего видим — мелкие, эгоистичные, неверные люди Божии, конкурентные, жадные и завистливые. Мне жаль этих людей, и я стараюсь помочь им, как могу. Я могу показать пример, какие качества мой отец действительно хочет, чтобы они выращивали: солидарность, взаимопонимание, сотрудничество, равенство, братство, дружба, милосердие, справедливость, вера, когти, настойчивость, надежда, достоинство и прежде всего любовь между существами.

Еще одна серьезная проблема заключается в том, что человеческая гордость является частью более благоприятной группы или класса. Я говорю вам, это не желудок перед Богом. Я говорю вам, что у вас есть открытые объятия и сердца, чтобы принять ваших детей независимо от расы, цвета кожи, религии, социального класса, сексуальной ориентации, политической партии, региона или какой-либо специфики. Все равны в делах своего отца. Но некоторые из них получают больше пользы от их деяний и души.

Время быстро идет. Так что не упусти возможность сотрудничать во имя лучшей и справедливой вселенной. Помочь пострадавшим, больным, бедным, друзьям, врагам, знакомым, незнакомым, семьям, незнакомцам, мужчинам и женщинам, детям, молодым или старым, короче говоря, помогать не ожидая возмездия. Великолепно будет награда перед отцом.

Хорошие мастера и ученики

Мы в мире искупления и доказательств. Мы взаимозависимые существа и не испытываем чувства, любви, материальных ресурсов и внимания. Каждая из них на протяжении всей своей жизни приобретает опыт и передает что-то хорошее тем, кто ближе к ним. Такой взаимный обмен имеет важное значение для достижения полного мира и счастья. Понимание собственного, понимание боли других, действуя за справедливость, преобразование концепций и опыт свободы, которую предоставляют знания, бесценно. Хорошо, что никто не может украсть у тебя.

В течение моей жизни у меня были великие учителя: мой духовный и плотный отец, моя мать с ее сладостью, учителями, друзьями, семьей в целом, знакомыми, коллегами, опекуном, Ангелом, индуистской, жрицей Рената (мужчиной, отмеченным трагедией), так много других персонажей, которые с его личностью ознаменовали мою историю. В истории я наставлял своих племянников и всех человеческих книг. Я хорошо выполнял обе роли, и я ищу свою личность. Ключ к вопросу — оставить доброе семена, как сказал Иисус: "Благочестивые будут сиять, как солнце в царстве отца".

Хорошая практика для того, чтобы оставаться трезвым

Есть разные способы увидеть мир и привыкнуть к нему. В моем конкретном случае я мог бы сохранить стабильность после долгого времени внутренней духовной подготовки. Судя по моему опыту, я могу дать советы о том, как ориентироваться на себя перед лицом не связанности жизни: не петь алкоголь, ни курить, ни употреблять наркотики, работать, заниматься приятной деятельностью, гулять с друзьями, ходить, путешествовать в хорошей компании, хорошо питаться и одеваться, поддерживать природу, избегать спешки и анимации, отдыхать мысли, читать книги, выполнять внутренние обязательства, уважать свои ценности и убеждения, уважать старейшин, заботиться об инструкциях молодых, будь благочестивым, понимать и терпим, собираться к своей духовной группе, молиться, верить, а не темы. Каким-то образом судьба откроет тебе хорошие двери и найдет свой путь. Мне очень повезло, что я желаю всем.

Ценность через пример

Человек находит свое отражение в своих делах. Это мудрое выражение свидетельствует о том, как мы должны действовать, чтобы добиться блаженства. Мужчине не пользы, если он не использует их на практике. Нам нужны более чем благие намерения, чтобы изменить мир.

Чувство во вселенной

Учись узнать себя, ценить себя больше и сотрудничать во благо других. Многие наши проблемы обусловлены нашими страхами и недостатками. Зная наши слабости, мы можем исправить их и планировать в будущем, чтобы улучшить человеческое существо.

Следуй своей этике, не забывая права тех, кто на твоей стороне. Всегда будь беспристрастным, справедливым и щедрым. То, как вы относитесь к миру, будет успех возмездия, мир и спокойствие. Не будь слишком разборчивым с собой. Попытайся наслаждаться каждым моментом жизни с точки зрения обучения. В следующий раз ты точно знаешь, как себя вести.

Чувствую себя божественно

Ничто не случайно, и все, что существует во Вселенной, имеет свою важность. Радуйся за дар жизни, за возможность дышать, ходить, работать, обниматься, целоваться и дать любовь. Никто не является изолированным куском; мы часть передачи вселенной. Попробуй делать простые упражнения в психиатрии. В минуту, в свою комнату, садись на кровать, закрой глаза и поразмыслишь о себе и о самой вселенной. Расслабься, твои проблемы останутся позади, и ты заметишь подход к божественной связи. Постарайся сосредоточиться на свете в конце туннеля. Этот свет дает вам надежду на то, что можно измениться, стереть ошибки прошлого, простить себя и заключить мир с врагами, сделав их друзьями. Забудь о драках, обиде, страхе и сомнениях. Все это просто встает у тебя на пути. Мы активнее всего, когда понимаем сторону друг друга и обладаем способностью двигаться дальше. Спасибо, что вы здоровы и что у вас еще есть время, чтобы решить нерешенные проблемы.

Мы сыновья отца, мы созданы, чтобы помочь планете развиваться и быть счастливыми. Да, мы можем получить все, если мы достойны этого. Некоторые счастливы в одиночестве, другие вместе с товарищем, другие, исповедуя религию или вероисповедание, а другие — помогая другим. Счастье — это относительное. Никогда не забывай также, что будут дни отчаяния и тьмы, и что в данный момент твоя вера должна быть более присутственной. Перед лицом боли найти выход иногда довольно сложно. Однако у нас есть Бог, который никогда не бросает нас, даже если другие. Поговори с ним, и потом ты поймешь всё лучше.

Изменяю порядок

Сегодня мир стал великой гонкой против времени за само выживание. Мы часто проводим больше времени на работе, чем с нашими семьями. Это не всегда здорово, но это становится необходимым. Возьми выходные, чтобы немного изменить свою рутину. Погулять с друзьями, супругами, ходить в парки, театры, подниматься по горам, плыть в реке или в море, навещать родственников, ходить в кино, ходить на футбольный стадион, читать книги, смотреть телевизор, сервировать интернет и завести новых друзей. Нам нужно изменить обычный взгляд на вещи. Нам нужно знать немного об этом огромном мире и наслаждаться тем, что оставил Бог. Думай, что мы не вечны, что в любой момент что-то может случиться, и тебя больше не будет среди нас. Так что не уходи на завтра, что сможешь сделать сегодня. В конце концов, спасибо за возможность быть живым. Это лучший подарок, который мы получили.

Неравенство в мире против справедливости

Мы живем в безумном, конкурентном и неравном мире. Чувство безнаказанности, безнадежности, нищеты и безразличия преобладает. Все, чему Иисус учил в прошлом, не реализуется. Так какой смысл в том, чтобы он так боролся за лучший мир, если мы его не ценим?

Нельзя говорить, что вы понимаете боль другого, иногда проявляете солидарность и сострадание, видя изображение в интернете или даже на улице перед заброшенным несовершеннолетним. Трудно иметь отношение и попытаться изменить эту историю. Несомненно, страдания мира очень велики, и мы не можем помочь всем. Бог не потребует от вас этого в суде. Однако, если вы сможете хотя бы помочь вашему соседу, то уже будет достаточно размера. Но кто следующий? Это твой безработный брат, твой грустный сосед, потерявший жену, а его коллега нуждается в твоем руководстве. Каждый твой поступок, каким бы малым он ни был, в аспекте эволюции. Помните: мы — то, что мы делаем.

Всегда пытайся помочь. Я не буду требовать твоего совершенства; этого не существует в этом мире. Я хочу, чтобы ты любил своего соседа, моего отца и себя. Я здесь, чтобы показать вам, насколько велика моя любовь к человечеству, хотя она этого не заслуживает. Я страдаю от человеческих страданий и буду пытаться использовать его как инструмент моей доброй воли. Однако, мне нужно ваше разрешение, чтобы действовать в вашей жизни. Ты готов жить по моей воле и воле моего отца? Ответ на этот вопрос будет окончательным верхом в его существовании.

Сила музыки

Что-то очень расслабляющее, и я настоятельно рекомендую достичь мира и эволюции человека — слушать музыку. Через слова и мелодию наш разум путешествует и чувствует, что автор хочет пройти через это. Это освобождает нас от зла, которое мы несем днем. Давление общества настолько велико, что мы часто испытываем негативные и завистливые мысли других. Музыка освобождает нас и успокаивает нас, очищая наши умы полностью.

У меня эклектический вкус к музыке. Мне нравится Рок, Фанк, бразильская популярная музыка, международная, романтическая, кантри или любая хорошая качественная музыка. Музыка вдохновляет меня и часто пишет, что я слышу их тихие музыкальные предпочтения. Сделай это тоже, и ты увидишь большую разницу в качестве жизни.

Как бороться со злом

Мы жили двойственность во вселенной после падения великого дракона. Эта реальность также отражена на Земле. С одной стороны, честные люди хотят жить и сотрудничать, а также другие ублюдки, которые стремятся к несчастью других. Хотя сила зла — черная магия, сила добра — молитва. Не забудь порекомендовать себя отцу по крайней мере раз в день, чтобы сила тьмы не ударила тебя.

Как учил Иисус, не бойся человека, который может отнять свою жизнь у себя, темы, которая может осудить его душу. Свободной волей можно просто отвергнуть нападение врагов. Выбор за добро или зло — только твой. Когда грешишь, не оправдывайся. Узнай свою ошибку и постарайся больше не пропустить.

Отношение, которое я имел в жизни, полностью изменило мои отношения со вселенной и с Богом. Я хотел, чтобы воля Господа исполнила мою жизнь, а затем Святой Дух может действовать. С тех пор у меня был успех и счастье только потому, что я послушна. Сегодня я живу в полном причастии со своим создателем, и я рад этому. Помни, что это твой выбор.

Я непонятная

Кто я? Откуда я взялся? Куда мне идти? Какова моя цель? Я непонятная. Я дух севера, который дух оттуда и сюда без направления. Кроме того, я любовь, вера праведников, надежда детей, я рука помощи пострадавшего, я - совет хорошо данный, я - ваша совесть, предупреждающая опасность, я - тот, кто оживляет душу, я - прощение, я - примирение, я - понимание и всегда верю в ваше выздоровление еще до греха. Я - клетчатая клетка Давида, первая и последняя, я - Бог, создающий миры. Я маленький мечтательный приятель северо-восточного победы мира. Кроме того, я Божественный, ближайший, видимый или просто сын Божий по праву. Я спустился по велению отца, чтобы спасти их от тьмы. До меня не было ни власти, ни власти, ни королевской власти, ибо я король королей. Я твой Бог невозможного, который может изменить твою жизнь. Всегда веришь в это.

Опыт проблем

Как божественно я могу делать все и в человеческом облике я живу со слабостью, как и любой другой. Я родился в мире угнетения, нищеты, трудностей и безразличия. Я понимаю вашу боль, как никто другой. Кроме того, я вижу глубоко в твоей душе твои сомнения и страх перед тем, что может случиться. Зная об этом, я знаю, как лучше с ними столкнуться.

Я твой лучший друг, который каждый час рядом с тобой. Мы можем не знать друг друга, или я не присутствую физически, но я могу действовать через людей и духа. Я хочу лучшего для твоей жизни. Не будь бунтарем и пойми причину неудачи. Причина в том, что что-то приготовлено к лучшему, что-то, о чем ты никогда не представлял. Я научился этому из своего опыта. Я пережил тяжелый момент отчаяния, в котором мне не помогло ни одно живое существо. Почти полностью износ и слезы мой отец спас меня и показал свою огромную любовь. Я хочу отплатить и сделать то же самое с остальной человечеством.

Я точно знаю, что происходит в твоей жизни. Кроме того, я иногда знаю, что чувствую, что никто тебя не понимает, и мне кажется, что ты одна. В эти моменты поиски логического объяснения не помогают. Правда в том, что между человеческой любовью и моей есть большая разница. Хотя первое почти всегда участвует в игре интересов, моя любовь велика и велика. Я вырастил тебя, даровал тебе дар жизни, и я каждый день расцветясь рядом с тобой через моего ангела. Я забочусь о тебе и твоей семье. Кроме того, мне очень жаль, когда ты страдаешь, и это отказывается. Знай, что во мне ты никогда не получишь отрицательного. А я прошу вас понять мои планы и принять их. Я создал всю вселенную и знаю больше, чем ты. Для этого некоторые называют это местом назначения или предопределённым местом. Как бы то ни было, все кажется неправильным, все имеет смысл и движется к успеху, если вы заслуживаете.

Здесь среди вас есть тот, кто любил и любил. Моя вечная любовь никогда не умрёт. Моя любовь полна и не имеет никаких требований. Только что объединили ценности хорошего человека. Не хочу говорить в меня слова ненависти, расизма, предрассудков, несправедливости или презрения. Я не такой Бог, которого они рисуют. Если хочешь встретиться со мной, учись через моих детей. Мир и добро всем.

На работе

Плохо, что у него есть свободный разум. Если мы будем возделывать безделье, мы не перестанем думать о проблемах, беспокойстве, страхах, нашем стыде, разочарованиях, страданиях и несоответствии нынешнего и будущего. Аллах оставил человеку наследство. Кроме того, что это вопрос выживания, работа заполняет нашу тайную пустоту. Чувство, что ты полезен для себя и общества, уникально.

Возможность находиться на работе, развиваться профессионально, укреплять отношения дружбы и привязанности и эволюции как человека, является большим даром, результатом их более нежных усилий. Будь счастлив во времена кризиса. Сколько отцов и матерей не хотели быть на вашем месте? Реальность нашей страны заключается в увеличении безработицы, неравенства, безразличия, безразличия и политического безразличия.

Делай свою роль. Сохраняйте здоровую окружающую среду на работе, где вы проводите большую часть дня. Однако, не стоит так много ожидать и не путай вещи. Друзья обычно находят в жизни и на работе только коллеги, за исключением редких исключений. Важно строго соблюдать свои обязательства, которые включают присутствие, пунктуальность, оперативность, эффективность, ответственность и самоотверженность. Будь примером поведения внутри и вне вашего срыва.

Путешествие

Бог велик, могущественный и непобедимый. За свою великую любовь он хотел создать вещи, и своими словами они существовали. Все материалы, незначимые, видимые и невидимые вещи приносят славу создателю. Среди этих вещей есть мужчина. Считал крошечную точку во вселенной, она может видеть, чувствовать, взаимодействовать, воспринимать и реализовать. Мы здесь, чтобы быть счастливыми.

Используй возможности, которые дает тебе жизнь, и узнай немного об этой вселенной. Ты будешь очарован маленькими и большими естественными работами. Почувствуй свежий воздух, море, реку, лес, горы и себя. Обратитесь к своим отношениям и опыту на протяжении всей своей жизни. Поверь мне, это даст тебе качество жизни и чувство неописуемого мира. Будь счастлив. Не оставляй его на потом, потому что будущее не определено.

Искать права

Будь полноценным гражданином, живущим вашими правами. Знайте точно свои обязанности и обязанности. Если они будут нарушены, вы можете обратиться в суд за возмещением. Даже если ваша просьба не выполнена, ваша совесть будет ясна и готова двигаться дальше. Помните, что единственное доброе, которое не терпит неудач, это божество и правильное отношение, которое вы благословили.

Верь в полной любви

Сегодня мы живем в мире, в котором доминируют интересы, злость и отсутствие понимания. Это демо тип осознания того, что-то, чего мы действительно хотим для нас, не существует или не является абсолютно редким. С девальвацией быть и настоящей любви у нас кончаются альтернативы. Я достаточно пострадал от проблем жизни и своего опыта, я все еще верю в надежду, даже если и далеко. Я верю, что в другом самолете есть духовный отец, наблюдающий за всеми нашими делами. Его работа на протяжении всей его карьеры аккредитует будущее счастье наряду с особым человеком. Будьте оптимистичны, упорствуйте и верьте.

Зная, как управлять отношениями

Любовь — это Божественная. Это чувство понятно, как желание благополучия другого человека. В процессе достижения этой стадии вы должны знать. Знания, очарователи, раздраженные или амбровые. Знание того, как решать каждый из этих этапов, является задачей хорошего администратора. Используя фигуру языка, привязанность можно сравнить с заводом. Если мы будем поливать его часто, он вырастет и принесет хорошие плоды и цветы. Если мы презираем ее, она увядает, умирает и заканчивается. Быть в отношениях может быть что-то позитивное или негативное в зависимости от того, с кем мы. Жить вместе для пары — это огромная задача современного времени. Теперь, когда одной любви недостаточно, чтобы увековечить союз, это нечто, что включает более широкие факторы. Однако он является мощным убежищем во времена страданий и отчаяния.

Массаж

Массаж — это большое упражнение, которое можно сделать. Кто получатель имеет возможность испытать удовольствие, вызванное расслаблением мышц? Однако необходимо проявлять осторожность, чтобы не преувеличивать пропорциональность трения между руками и отработанным районом. Вы можете воспользоваться этим еще лучше, когда есть обмен между двумя людьми, которые любят друг друга.

Принятие моральных ценностей

Хорошие руководящие указания имеют важное значение для развития чувства, способного установить искренние, реалистичные, хорошо пользующиеся и подлинные связи. Как говорится, семья — это основа всего. Если внутри него мы будем хорошими родителями, детьми, братьями и товарищами, то мы будем за пределами него.

Практиковать этику ценностей, способных направить вас на путь благополучия. Подумай о себе, но и о праве другого всегда с уважением. Постарайся быть счастливым, хотя твой разум ослабляет и не поощряет тебя. Никто не знает, что произойдет, если они не будут действовать и не попытаются. Больше всего может случиться, это провал, и они были заставлены тренировать нас и сделать нас настоящими победителями.

Иметь дух истинного друга

Когда Иисус был на земле, он оставил нам модель поведения и пример, который следует за ним. Его величайшим действием было сдача на кресте за наши грехи. В этом заключается ценность настоящей дружбы, пожертвовать свою жизнь за другого. Кто на самом деле в твоей жизни сделал бы это для тебя? Посмотри внимательно. Если ваш ответ положительный, цените этого человека и любите его искренне, потому что это чувство редко. Не порть отношения ни ради чего. Взаимно с делами и словами, немного этой великой любви и быть счастливым.

Меры, которые необходимо соблюдать

1. Делай с другими то, что ты хочешь, чтобы они сделали с тобой. Это включает в себя дружелюбную, благотворительную, добрую, щедрую и старательную не причинять вреда другим. У вас нет измерения того, что это значит страдать из-за неправильных слов. Используй эту силу только для того, чтобы обеспечить благо и утешение другим, потому что мы не знаем, что судьба нам принадлежит.
2. Будь врагом лжи и всегда ходи с истиной. Как бы то ни было, лучше признаться во всём, что произошло. Не оправдывайся и не смягчай новости. Будьте чисты.

3. Не воруй то, что у другого, и не пересекай дорогу другим. Будьте справедливы к платежам и счетам. Не возводите на других зависть, клевету, ложь.

4. Мы все часть целого, известного как Бог, судьба или космическое сознание. Для поддержания гармонии, соучастия и причастия в отношениях необходимо приложить огромные усилия для того, чтобы держаться подальше от всего мира. Всегда будь хорошей, и твой путь постепенно будет прослеживаться до Отца Небесного. Как я уже говорил, не бойся ничего. В отличие от того, что рисуют многие религии, мой отец не палач или фанат, он возносит любовь, терпимость, щедрость, равенство и дружбу. У каждого есть своё место в моем королевстве, если он это заслуживает.

5. Простой и безопасной жизни. Не накапливайте материальные товары без необходимости и не поддавайтесь экстраваганцам. Все должно быть в верной мере. Если вы богаты или богаты, то всегда практикуй искусство пожертвования и милостыни. Ты не знаешь, что это поможет тебе.

6. Сохранять тело, душу и сердце чистое. Не поддавайтесь искушениям похоти, объятий и лентяев.

7. Культивировать оптимизм, любовь, надежду, веру и упорство. Никогда не отказывайся от своих мечт.

8. Когда вы можете участвовать в общественных проектах. Каждый шаг за благо творимых несовершеннолетних увеличит свое сокровище на небе. Предпочитаю это власть, деньги, влияние или социальное положение.

9. Привыкай к оценке культуры в различных ее проявлениях. Поезжай на осмотр достопримечательностей с друзьями, кинотеатром, читай вдохновляющие книги. Магический мир литературы — богатый и разнообразный мир, который принесет вам много развлечений.

10. Медитируйте и обдумайте свое настоящее и будущее. Прошлое уже не имеет значения, и даже если твой грех такой же Скарлет, я могу простить и показать тебе свою настоящую любовь.

Приготовьтесь есть

Работа о наших телах имеет важное значение для нас. Одним из основных и многих важных предметов является продовольствие. Принятие сбалансированной диеты — лучший способ избежать болезней. Приобретайте здоровые привычки и питайтесь витаминами, минералами, волокнами и белками. Важно также есть только то, что необходимо для того, чтобы выживать избегать отходов.

Советы для долгой и здоровой жизни

1. Всегда поддерживайте физическую активность и ум.
2. Знакомства.
3. Развивайте свою веру в других.
4. Иметь твердые и щедрые ценности социального сосуществования.
5. Ешьте умеренно.
6. Выполняйте соответствующие упражнения.
7. Спи спокойно.
8. Будьте разумны.
9. Просыпайтесь рано.
10. Много путешествую.

Танцуй

Танцы — это критическое упражнение для благополучия личности. Помогает бороться со старением, в задних проблемах и локомоциях, повышает позитивность. Интеграция с каждой мелодией не всегда легка, а удовлетворительная и вознаграждающая задача. Привыкай к этому упражнению и постарайся быть счастливой.

Продолжаем

Поспешность подходит в святые дни или когда мы даем обещания помочь душам, которые находятся в беде в мире духов. Однако после завершения работы рекомендуется вновь объединить силы путем питания здорового и разнообразного продуктов питания.

Концепция Божья

Аллах не начал, и не будет конца. Это результат союза творческих сил добра. Он присутствует во всех делах его создания, связывающихся с ними в рамках психического рефлексивного процесса, который многие называют "Внутреннее Дельф".

Бог не может быть определен словами человека. Но если бы я мог, я бы сказал, что это любовь, братство, отдача, благотворительность, справедливость, милосердие, понимание, справедливость и терпимость. Аллах желает принять его в царство, если вы этого заслуживаете. Помните что-нибудь важное: Вы имеете право отдыхать в небесном царстве, которое отдыхало от ваших братьев.

Шаги совершенствования

Земля — это мир искупления и доказательств для людей, которые могут продвигаться вперед. Этот этап нашего существования должен быть отмечен нашими добрыми делами, с тем чтобы мы могли жить удовлетворительно духовно-измерением. Достигнув полной ценности совершенства, человек становится частью космического измерения или просто воспринимается как Бог.

Характеристики разума

1. Необходимо поощрять и эффективно реализовать надлежащее желание.
2. 2) Мысль является творческой силой, которую необходимо освободить для того, чтобы творческий дух процветал.
3. 3) Мечты — это признаки того, как мы видим мир. Они могут также быть посланиями богов, которые связаны с будущим. Однако необходимо сохранять реальность для достижения конкретных результатов.
4. 4) Дискриминация, знания и отдел материальных вещей должны работать в умах всех, кто стремится к эволюции.
5. 5) Чувство части Вселенной является результатом процесса улучшения и сознания. Знай, как узнать свой внутренний голос.

И что я должен чувствовать?

Спасибо за дар жизни и за все, что дал тебе отец. Каждый день, каждый день, каждый день, следует праздновать, как будто другого не существует. Не унижай себя и знай, как признать свою роль в измерении космоса. Мои родители видят их с видом величия, несмотря на их ограничение и неверие. Сделай себя достойным блага.

Сделай, как маленький мечтатель внутреннего фернамбук, известный как Божественный. Несмотря на все трудности и трудности, возникающие в жизни, он никогда не переставал верить в большее число сил и в свои возможности. Всегда верь в надежду, потому что Бог любит нас и хочет того, что лучше для нас. Однако постарайтесь внести свой вклад в этот процесс. Будь активным в своих проектах и снах. Живите на каждом шаге, и, если он не провалится, не будет препятствовать. Победа придет заслуживать.

Роль образования

Мы существа, готовые к эволюции. Из зачатия, детства и даже включения в самую школу мы можем учиться и относиться к другим. Это взаимодействие имеет решающее значение для нашего развития в целом. Именно в данный момент учителя, родители, друзья и все, кого мы знаем, играют ключевую роль в формировании личности. Мы должны поглотить благие блага и отвергнуть злодеев, вслед за тем, что они последовали прямым путем к отцу.

Вывод

Я закрываю первые сообщения, ищущие знания религий. Надеюсь, что, с моей точки зрения вы могли ассимилировать хорошие учения и если это поможет даже если это будет только человек, который я дам так же хорошо, как и время, которое использовалось. Обнимемся всеми, успехом и счастьем.

Победа веры

Победа духовных и мягких врагов

Так говорит Буква: "Те, кто праведно следовал моим заповедям, практикуя ежедневное искусство добра, я обещаю постоянное защиту перед врагами; даже если от вас будет толпа или даже весь ад, то вы не боитесь зла, ибо я буду поддерживать вас; и по имени Зоя имя десять тысяч падут слева от вас, но с вами ничего не случится, но с вами ничего не случится, ибо моё имя — Ява".

Этого эмблематического послания от Бога достаточно, чтобы оставить нас спокойными перед лицом гнева врагов в любой ситуации. Если Бог для нас, то кто будет против нас? Нет никого, кроме Аллаха, нет никого, кроме Аллаха. Все, что написано в книге жизни, случится, и, несомненно, твоя победа придет, брат. Поистине, победа беззаконников будет сделана солома, а пшеница останется вечно. Так что давайте больше верить.

Отношения между мужчиной и Богом

Человеку было дано власть над землей, чтобы он мог принести плоды и счастье. Как учил нас Иисус, наши отношения с Богом должны быть от отца к сыну, и в результате нам не стыдно приближаться к нему, даже если грех заставляет его бояться. Яве берет доброе сердце, трудолюбивый человек, который стремится улучшить всегда, чтобы он мог идти по пути постоянной эволюции.

В момент греха лучше подумать о том, что вызвало его, чтобы вновь не повторить ошибку. Искать альтернативные пути и искать новый опыт всегда добавляет к нашей учебной программе, которая делает нас более подготовленными к жизни людьми.

Главная цель всего этого — открыть свою жизнь для действий Святого Духа. С его помощью мы можем достичь уровня, который мы можем сказать, связан с хорошими вещами. Это называется причастием, и оно необходимо, доставляет и страсть, чтобы оно было жить в полном объеме. Отказ от вещей в теле и отрицание зла внутри тебя необходимы и эффективные условия, которые вновь родились в изменяющемся мире. Мы будем зеркалом воскресения Христа.

Верить в Яве в боль

Мы живем в мире искупления и доказательств, который постоянно делает нас страдающим. Мы страдаем от потерянной или безответной любви, страдаем от потери члена семьи, страдаем финансовыми проблемами, страдаем от недопонимания другого, страдаем из-за насилия, вызванного человеческим злом, мы страдаем молча из-за наших слабостей, страданий, страданий и печальных дней, когда мы хотим исчезнуть.

Мой брат, поскольку боль неизбежна для тех, кто живет в этом мире, мы должны цепляться за Яве и его сына Иисуса Христа. Последние чувствовали себя на коже как мужчина, всякие неопределенности, страхи, несчастья, но никогда не переставая быть счастливой. Давайте также будем жить каждый день с чувством, что вы можете лучше и с шансом на прогресс. Секрет в том, чтобы всегда двигаться дальше и просить его о помощи, чтобы перенести наши кресты. Всемогущий вознаградит твою искренность и преобразует твою жизнь в море наслаждений. Речь идет не о том, чтобы обеспечить исключение боли, а о том, как жить вместе, чтобы не сказываться на нашем хорошем настроении. И поэтому жизнь может продолжаться без серьезных проблем.

Быть честным человеком веры

Настоящий христианин следует примеру Иисуса при любых обстоятельствах. Помимо основных заповедей, у вас есть представление о Евангелии, о зле, об опасности мира, и о том, как лучше всего действовать. Христиан должен быть примером гражданина, поскольку существуют правила, которые должны соблюдаться и соблюдаться в социальном комплексе. Одно дело — это вера, а другое — уважение к вашему напарнику.

Яве хочет, чтобы человек тоже был гражданином, а не только миром. Для этого, должно быть, хороший отец, хороший сын, хороший муж, верный друг, слуга, преданный молитве, мужчина или женщина, живущие за работу, потому что безделье — это мастерская дьявола. Человек, который был привержен делу Яве, может сделать важный шаг к счастью и наконец победить верой! Большие объятия и увидимся в следующий раз.

Христос

Миссия человека

Земля была создана для того, чтобы часто жили, а также другие звезды рассеяны по бесчисленным частям Вселенной. Яве Бог, объединённая любовь, желанная силой, силой, сладостью и милостью, чтобы создать людей, особых существ, которые имеют право быть его имиджем и сходством.

Но тот факт, что это их образ и сходство, не означает, что у них одинаковая сущность. В то время как Яве обладает всеми предметами совершенства человека, является неправильным и грешным, врожденным самим. Таким образом, Бог хотел продемонстрировать свое величие, он любил нас так сильно, что дал нам свободу воли, предоставив ключевые элементы, чтобы мы могли найти путь счастья.

Мы делаем вывод о том, что с вечности на Земле не было достигнуто совершенства, что ставит в известность некоторые древние легенды некоторых религий. Мы живем двойственностью, что является основополагающим условием для существования как человеческого существа.

Теперь возникает вопрос: что означает создание вселенной и самой жизни? Многие из них даже не понимают, что происходит вокруг них. Можно сказать, что мой отец живет навсегда, отцом, отцом двух детей, пре людских Иисусов и Божественных, создал небесные звезды, первыми из них называют «коленкором». На этой планете, с аналогичными аспектами нынешней Земли, создали ангелов, которые являются вторыми в порядке универсального значения. После этого он путешествовал по вселенной, чтобы продолжить тайну творения, оставив свой власть в руках Иисуса, Божественного и Майкла. Это было около 15 миллиардов лет назад.

С этого времени и до настоящего времени Вселенная была преобразована таким образом, чтобы первоначальное создание даже не было признано. Значение жизни, которое является одним из взаимодействия, единства, благотворительности, любви, пожертвований и освобождения, превратилось в спор, зависть, ложь, вражду, преступность, разрушение природных ресурсов, любовь к деньгам и силе, индивидуализм и поиск победы любой ценой.

Вот куда я хочу попасть. Я сын духовного Яве, и я приехал на Землю, чтобы выполнить критическую миссию. Я хочу позвать своих братьев к награде отца и царству моего отца. Если вы примете моё приглашение, я обещаю постоянную приверженность вашим причинам и высшему счастью. Что от тебя требует Бог?

Будь Христом

Около двух тысяч лет назад земля имела честь получить первенца Божия. Его отец послал Иисуса Христа, чтобы принести истинное слово Бога и искупить наши грехи. В качестве примера, в течение тридцати трех лет жизни Иисус вырыл фундаментальные основы идеального человека, который желает Бога. Иисус пришел прояснить основные моменты в отношениях человека с Богом.

Главным моментом жизни Мессии стало его мужество, сдавшись кресту, служив жертвой для грешного человечества. "Настоящий друг — тот, кто дарит жизнь за другого безоговорочно, а Христос был живым примером этого".

Сдаваться, сдаваться брату, хранить ясное и скрытое заповеди в священных книгах, и делать добро всегда предписано наследовать царство Божие. Это царство Иисуса, моё и все души добра, каждый в своем заслуженном месте.

Культивируйте здоровые, приятные и человеческие ценности, помогая в непрерывной эволюции Вселенной, и вы будете посадить хорошее семя в вечное королевство. Держись подальше от плохих влияний и не поддерживай некоторые из своих методов. Знайте, как избегать зла. Будь осторожен и осторожен.

Мир, в котором мы живем, это мир внешности, где стоит иметь больше, чем быть. Делай по-другому. Будь исключением и цени того, что оно действительно стоит. Соберите сокровища в небе, где воры не крадут, или моль и ржавчина.

После всего, что было сказано с хорошими местами, это зависит от личного размышления и тщательного анализа с вашей стороны. Ваш свободный выбор — интегрироваться или не вступать в это королевство, но, если вы, случайно, согласитесь, чувствуете себя объятым мной и всеми небесными силами. Мы сделаем этот мир лучше, содействуя миру навсегда. Будь одним из "Христа". В будущем мире, если пожелает Бог, мы будем вместе с отцом в полном гармонии и удовольствии. Увидимся в следующий раз. Яве с тобой.

Два пути
Выбор

Земля — это естественная среда, в которой люди были помещены друг с другом, обучение и обучение в соответствии с их опытом. С помощью свободы воли человечество всегда сталкивается с ситуациями, требующими принятия решений. В настоящее время нет волшебной формулы резолюции, а анализ альтернатив, которые не всегда приносят удовлетворительные результаты.

Ошибки, сделанные в этих выборах, делают нас более критическим и более открытым, чтобы в будущем у нас появилось больше шансов на будущее. Это так называемый опыт, поскольку это достигается только со временем.

На всей нашей траектории Земли очевидно, что во вселенной существуют две нити: одна злокачественная и одна доброкачественная. Хотя никто не является полностью плохим или хорошим, наши преимущественные действия будут решать нашу сторону в этом споре.

Мой опыт

Я сын духовного Яве, известный как Мессия, Божья, или просто видимый. Я родился в деревне во внутренних районах Северо-Востока, и это дало мне возможность связаться с самыми ужасными бедами человечества.

Выборы, безусловно, имеют большой вес в нашей жизни, и особенно в нашей личности. Я сын фермеров, я был воспитан с хорошими ценностями и всегда следовал за ними до письма. Я вырос бедным, но мне никогда не хватало доброты, щедрости, честности, характера и любви к другим. Тем не менее я не был спасен от плохой погоды.

Зоя скромное состояние было огромным бедствием: у меня не было денег на нормальную еду, у меня не было достаточно финансовой поддержки в своих исследованиях, я вырос в помещениях с небольшим социальным взаимодействием. Хотя все было сложно, я решил бороться с этим текущим поиском лучших дней, что является моим первым важным выбором.

Это было нелегко. Я много страдал, иногда я терял надежду, я сдался, но что-то глубоко внутри сказал, что Бог поддерживает меня и подготовил для меня путь, полный достижений.

В тот самый момент, когда я уже сдался, Яве Бог действовал и спас меня. Он усыновил меня сыном и воскресил. Оттуда он решил жить во мне, чтобы изменить жизнь ближайших людей.

Место назначения

Королевство Света, октябрь 1982 года

Высший совет собрался поспешно для обсуждения важного вопроса: каков будет дух, ответственный за выполнение работы? Один из членов воспользовался словом:

— Эта работа важна. Нам нужно выбрать того, кто полностью доверяет нам и готов к вызову жизни на Земле.

С его предложением началось тщательное обсуждение. Поскольку они не достигли соглашения, было проведено быстрое голосование, в ходе которого избран избранный представитель. Дух и архангел были избраны для их защиты.

Как только был сделан выбор, Яве вдохнул и духи были отправлены на Землю. Одна для плотного тела, другая для духовного тела, способного выжить в окружающей среде Земли. Вот как Божественный и его любимый Архангел прибыли на Землю, и это похожий процесс для каждого избранного человека. У всех нас есть божественная сущность.

Миссия

Божественный родился и поднимался на грани потрясающих трудностей где-то в заднем штате Фернамбук. Умный и добрый мальчик всегда был полезен людям в целом. Даже живя с предрассудками, страданиями и безразличием, никогда не отказывалась от жизни. Это огромное достижение перед лицом политического и социального разочарования, в котором вставлен северо-восток.

В возрасте двадцати трех лет он жил с первым крупным финансовым и личным кризисом. Проблемы заставили его упасть на дно, в период, называемый темной ночью души, где он забыл Бога и его принципы. Божественный падал на бездонный скалы, пока что-то не изменилось: в тот момент, когда он упал на землю, ангел Яве действовал и освободил его. Слава Яве!

Оттуда все началось меняться: он получил работу, начал колледж и начал писать для терапии. Хотя ситуация по-прежнему является сложной, она по крайней мере имеет перспективы улучшения.

В течение следующих четырех лет он закончил колледж, сменил работу, перестал писать, и начал принимать последующие меры по своему дару, который начал развиваться. Так началось (сура) сага (пророка) зрителя.

Значение видения
Забудь о проблемах

Производите творчество, чтение, детализация, медитация, благотворительность и разговор, чтобы проблемы не затрагивали вашу душу. Не разгрузите тяжелую нагрузку, которую вы несете на других, которая не имеет никакого отношения к вашим личным проблемам. Сделай свой день более свободным и продуктивным, будь дружелюбным.

Рождение и смерть — процессы

Рождение и смерть — это естественные события, которые должны рассматриваться со спокойствием. Самая большая обеспокоенность заключается в том, что, когда человек жив, чтобы преобразовать наше отношение в преимущество в первую очередь для других. Смерть — это всего лишь проход, который приводит нас к более высокому существованию с призами, эквивалентными нашим усилиям.

Бессмертие

Человек становится вечным благодаря своим трудам и ценностям. Это наследие, которое он оставит будущим поколениям. Если плоды деревьев более злостны, чем душа, не имеет значения для того, чтобы творец был вырван и блесен во внешнюю тьму.

Будь упрежден

Не стой там. Ищите знания новых культур и встречайте новых людей. Ваш культурный багаж будет более значительным, и поэтому результаты будут лучше. Будь мудрым человеком.

Бог есть дух

Любовь не может быть замечена, ты чувствуешь. И у Господа мы не видим его, но мы чувствуем в наших сердцах его братскую любовь. Поблагодарите каждый день за все, что он делает для вас.

Видение веры

Вера — это то, что нужно построить в нашей повседневной жизни. Кормите ее позитивными мыслями и твердыми взглядами на ее цель. Каждый шаг важен в этом возможном долгом путешествии.

Следуй моим заповедям

Секрет успеха и счастья в том, что я выполняю заповеди. Нет смысла говорить словами, что ты меня любишь, если не следишь за тем, что я говорю. Воистину, те, кто любит меня, являются теми, кто соблюдает мой закон и наоборот.

Мертвая вера

Каждая вера без трудов действительно мертва. Некоторые говорят, что Геенна полна благих намерений, а в этом — великая истина. Не стоит этого делать, но ты должен доказать, что любишь меня.

У меня есть другое видение

Не все страдания или поражения — это совершенно зло. Каждый негативный опыт, который мы испытываем, приносит непрерывное, сильное и долговременное обучение в нашей жизни. Научись видеть позитивную сторону вещей, и ты будешь счастливее.

От слабости приходит сила

Что делать в сложном финансовом положении

Мир очень динамичный. Обычно существуют этапы великого процветания, которые возникают в связи с периодами серьезных финансовых трудностей. Большинство людей, когда они в свое время забывают о том, чтобы продолжать борьбу и религиозную часть. Они просто чувствуют себя уверенно. Эта ошибка может привести их к мрачной пропасти, из которой будет трудно сбежать. Сейчас важно проанализировать ситуацию холодно, определить решения и начать борьбу с большим доверием в Бога.

При религиозной поддержке вы сможете преодолеть препятствия и найти пути восстановления. Не вини себя слишком сильно за свое неудачное прошлое. Важно двигаться вперед с новым мышлением, созданным союзником с суровой верой, которая вырастет в твоем сердце, когда ты отдашь свою жизнь моему отцу. Поверь мне, он будет единственным спасением для всех твоих проблем.

Вот, ему сказали, что все будет даровано ему, пока он всегда идет по пути добра. Поэтому стремитесь сохранять заповеди святых и рекомендации святых. Не гордитесь ими, потому что, по примеру жизни, они могут узнать Бога посреди развалины. Подумай об этом и удачи.

Встречаются с семейными проблемами

С тех пор как мы родились, мы стали частью первого человеческого сообщества, которое является семьей. Это основа наших ценностей и ориентиров в наших отношениях. Кто бы ни был хорошим отцом, мужем или сыном, он также будет великим гражданином, выполняющим свои обязанности. Как и любая группа, разногласия неизбежны.

Я не прошу вас избегать трения, это практически невозможно. Я прошу вас уважать друг друга, сотрудничать друг с другом и любить друг друга. Соединённая семья никогда не закончится, и вместе может завоевать великие вещи.

На небесах также существует духовная семья: Королевство Яве, Иисус и Божественный. Это королевство проповедует справедливость, свободу, понимание, терпимость, братство, дружбу и прежде всего любовь. В этом духовном измерении нет боли, плача, страданий или смерти. Все осталось позади, избранные преданные одеты новым телом и новым сущностью. Так написано: "Благочестивые будут сиять, как солнце в царстве отца".

Преодолеть болезнь или даже смерть

Физическая болезнь — это естественный процесс, который происходит, когда что-то не подходит к нашему телу. Если болезнь не является тяжелой и преодолевает, она играет роль естественной чистки души, укрепляющей скромность и простоту. В страдании от болезни мы находимся в момент нашего маленького и одновременно мы наводняем величием Бога, который может сделать что угодно.

В случае смертельной болезни это окончательный паспорт на другой план, и согласно нашему поведению на местах мы выделяемся в конкретном плане. Возможности таковы: ад, лимбо, небо, город мужчин и чистилище. Каждый из них предназначен для одного из них согласно их эволюционной линии. На данный момент мы получаем только то, что заслуживаем, не больше, не меньше.

Для тех, кто остается на земле, следует стремление к семейным останкам и жизни. Мир не останавливается ни для кого, ни для кого не подменяется. Но все равно остаются добрые деяния и свидетельствуйте о нас. Все пройдет, кроме власти Аллаха вечного.

Встречайся с собой

Где моё счастье? Что делать, чтобы оставаться на Земле? Это то, о чем спрашивают многие. Не так уж много торгового секрета, но победители обычно являются теми, кто посвящает свое время на благо других и человечества. Служив другим, они чувствуют себя полными и готовы любить, связывать и выигрывать.

Образование, терпение, терпимость и страх перед Богом являются ключевыми элементами в формировании редкой и достойной личности. И если человек (в День Суда) найдет Аллаха, то он [Аллах] знает, чего хочет (и) желает для своей жизни. Ты можешь даже думать, что ты на верном пути, но без этих качеств ты просто будешь фальшивой. Ты любишь только тех, кто действительно сдается и понимает друг друга. Узнай, что я чист, осведомлен о моих богов, Бог, благотворительных деяниях, посвященных моим проектам, пониманию, благотворительности и любви. Это будет особенным для моего отца, и мир будет сохранен. Помните: нет для большей бездна или тьмы в вашей жизни, от слабости приходит сила.

София

Справедливость

Правосудие и несправедливость являются пороговыми значениями друг для друга, и они очень относительны. Давайте разделим его на две ветви: царство Божие и власть человеческих. Помяни Бога, справедливость тесно связана с суверенитетом Яве, который продемонстрирован его заповедями, в общей сложности 30 согласно моему видению. Это практическое дело: либо ты следуешь нормам царства Аллаха, либо нет, а для тех, кто не видит величия этих целей, остается жалким, что потерянная душа. Однако восставшие души, которые в какой-то момент жизни снова восстанут, могут твердо верить в милость Яве, его святого отца. Бог, отец — это бесконечное задание.

Правосудие человека имеет свои руководящие принципы в каждой стране. Мужчины со временем стремятся обеспечить мир и право на земле, хотя это не всегда происходит. Это обусловлено устаревшим законодательством, коррупцией, предрассудками в отношении несовершеннолетних и самой неспособностью человека. Если вы чувствуете себя обиженным, как я когда-либо чувствовал, что вы молитесь Богу. Он поймет боль и обеспечит победу в нужное время.

Несправедливость во всех отношениях — зло древнего и современного человечества. С ним нужно сражаться, чтобы праведные могли получить то, что по праву. Что не может случиться, так это попытка правосудия? Помните, что Аллах не судит и осуждает кого-либо.

Когда я взываю к вам, отвечайте мне, Богу моего благочестия".

Приют в нужное время

Мы — духовные существа. В какой-то момент нашего существования на небесах мы избираемся и воплощаемся в человеческом теле в момент оплодотворения. Цель заключается в выполнении миссии, развиваясь с другими людьми. Некоторые с большими миссиями, другие с меньшими, но все с функцией, которую планета не может сдаться.

Наш первый контакт в семье, и обычно с этими людьми мы живем дольше и в течение всей жизни. Даже дети, вступающие в брак с семейными узами, не утрачивают.

С социальным контактом у нас есть доступ к другим нашим взглядам. Именно там и лежит опасность. В наши дни у нас огромное поколение молодых людей, стремящихся к злу. Они подростки и взрослые, которые не уважают своих родителей, поклоняются наркотикам, и чтобы украсть и даже убивать. Даже так называемые доверенные люди могут скрывать опасность, когда они пытаются повлиять на нас на зло. Есть и другая сторона: бомбардировка, насилие, издевательство, предрассудки, ложь, предательство, предательство, предательство, предательство многие не веруют в человечество и близко к новой дружбе. Приветствую, что очень трудно найти надежных людей, но, если ты один из этих счастливчиков, держи их на правой и левой стороне груди до конца жизни.

Когда вы попадете в беду, обратитесь к своим близким друзьям или близким родственникам, и, если вы не найдете поддержки Аллаха в нужное время. Он единственный, кто не хочет бросать его больше, поскольку его положение не трясется. Отдавайте свою боль и веру в лучшие дни у Бога невозможного, и не раскайтесь.

"В печали ты утешил меня. Помилуй меня и послушай меня молитву.

Соблазн мира против пути Божия

Мир — это великая область, где дети Божии и дьявол работают ради своих целей. Как и в любом мире, отстающих в развитии, мы живем кровавой двойственностью, которая объединяет людей в общество.

Хотя мы говорим, что большинство людей имеют хорошие намерения, то, что вы видите, это виртуализация здравого смысла. Большинство предпочитают мирскую жизнь перед Аллахом. Люди жаждут власти, денег, конкурируют за престиж, тонут в неуправляемых партиях, практикуют отчуждение и ненависть, практикуют сплетни и клевету других, предпочитают поднимать иерархию, обманывая, осуждая и передавая другим. Я, как представитель Яве, не сомневаюсь, что эти люди не являются Богом. Они — дочери дьяволов, которые будут гореть безжалостно в личинках бездна. Это не суждение, это реальность в отношениях со сбором растений.

Если у вас есть ценности и вера в добро, я приглашаю вас стать частью королевства вашего отца. Отрицая мир, ты наконец увидишь величие и доброту нашего Бога. Отец, который принимает тебя таким, какой ты есть, и который любит тебя сильнее, чем твой разум, достигает. Выбирай. Здесь все мимолетно и рядом с нами, вы можете испытать то, что слово действительно означает "Полное счастье".

О люди! Как долго ты будешь усердствовать его сердце, любовь к лжи и искать лжи? (Пса Алом 4:3).

Узнаюсь с Яхве

Яве — самое замечательное, что там было. Судя по моему опыту, я знаю лицо этого любящего отца, который всегда хочет нашего блага. Тогда почему бы не дать ему шанс? Дайте крест и надейтесь на него, чтобы сильная рука могла изменить вашу жизнь. Я гарантирую, что ты больше не будешь прежним. Я искренне надеюсь, что вы отразите эти несколько слов и примете окончательное решение в своей жизни. Кроме того, я буду ждать тебя. Удачи. Я люблю вас, братья!

Праведные и отношения с Яхве

Отношения с Яхве

Всегда благодари своего духовного отца за все благодеяния, дарованные ему в течение всей его жизни. Благодарность и счастье, что Яве дал ему жизнь — это обязанность. Его имя свято и покрыто славой во всех частях мира. В случае бедствия или нужды прибегнуть к нему, и, конечно, она откроет свои пути, которые будут определять окончательное решение вашей проблемы.

Кстати, о проблемах, многие из них являются причиной действий своих врагов. Обращайся с уверенностью к моему отцу и любому, кто хочет зла, споткнутся. Знайте, что отец всегда будет рядом с вами, просто будьте уверены в нем. Благословенно Отец всегда отдыхает. Однако, вы должны попробовать подход с вашим недовольством. Сделай своего врага близким и верным другом или хотя бы иметь дружественные отношения. Интрига держит душу во тьме, подальше от божественных действий и не стоит жаловаться на отсутствие, вы сами держали ее подальше от обиды и презрения к другим. Подумай об этом.

Да, Бог будет любить тебя и оправдывать твои ожидания в той степени, которую ты сделал другим. Убедитесь, что, если вы полностью откажетесь от него, он будет сражаться за вас во всех внутренних и внешних войнах. Он сможет открыть море или уничтожить народы ради своего блага, потому что вы обратились к нему с покаянием.

Он делает так, чтобы петь свою славу и в печали, что его душа присоединяется к избранным душам, чтобы обуздать Иисуса. Царство Аллаха строится мало, и большинство его членов являются бедными и смиренными. В этом духовном измерении существует только мир, счастье, вера, равенство, сотрудничество, братство и любовь, не ограничиваясь его членами. Те, которые отправились на путь тьмы, теперь — озеро Огня и камня, где их мучают день и ночь за то, что они совершали грехи.

.

ПУТЬ К ЖИЗНИ

Забудь о проблемах

Производите творчество, чтение, детализация, медитация, благотворительность и разговор, чтобы проблемы не затрагивали вашу душу. Не разгрузите тяжелую нагрузку, которую вы несете на других, которая не имеет никакого отношения к вашим личным проблемам. Сделай свой день более свободным и продуктивным, будь дружелюбным.

Рождение и смерть — процессы

Рождение и смерть — это естественные события, которые должны рассматриваться со спокойствием. Самая большая обеспокоенность заключается в том, что, когда человек жив, чтобы преобразовать наше отношение в преимущество в первую очередь для других. Смерть — это всего лишь проход, который приводит нас к более высокому существованию с призами, эквивалентными нашим усилиям.

Бессмертие

Человек становится вечным благодаря своим трудам и ценностям. Это наследие, которое он оставит будущим поколениям. Если плоды деревьев более злостны, чем душа, не имеет значения для того, чтобы творец был вырван и блесен во внешнюю тьму.

Будь упрежден

Не стой там. Ищите знания новых культур и встречайте новых людей. Ваш культурный багаж будет более значительным, и поэтому результаты будут лучше. Будь мудрым человеком.

Бог есть дух

Любовь не может быть замечена, ты чувствуешь. И у Господа мы не видим его, но мы чувствуем в наших сердцах его братскую любовь. Поблагодарите каждый день за все, что он делает для вас.

Видение веры

Вера — это то, что нужно построить в нашей повседневной жизни. Кормите ее позитивными мыслями и твердыми взглядами на ее цель. Каждый шаг важен в этом возможном долгом путешествии.

Следуй моим заповедям

Секрет успеха и счастья в том, что я выполняю заповеди. Нет смысла говорить словами, что ты меня любишь, если не следишь за тем, что я говорю. Воистину, те, кто любит меня, являются теми, кто соблюдает мой закон и наоборот.

Мертвая вера

Каждая вера без трудов действительно мертва. Некоторые говорят, что Геенна полна благих намерений, а в этом — великая истина. Не стоит этого делать, но ты должен доказать, что любишь меня.

У меня есть другое видение

Не все страдания или поражения — это совершенно зло. Каждый негативный опыт, который мы испытываем, приносит непрерывное, сильное и долговременное обучение в нашей жизни. Научись видеть позитивную сторону вещей, и ты будешь счастливее.

От слабости приходит сила
Что делать в сложном финансовом положении

Мир очень динамичный. Обычно существуют этапы великого процветания, которые возникают в связи с периодами серьезных финансовых трудностей. Большинство людей, когда они в свое время забывают о том, чтобы продолжать борьбу и религиозную часть. Они просто чувствуют себя уверенно. Эта ошибка может привести их к мрачной пропасти, из которой будет трудно сбежать. Сейчас важно проанализировать ситуацию холодно, определить решения и начать борьбу с большим доверием в Бога.

При религиозной поддержке вы сможете преодолеть препятствия и найти пути восстановления. Не вини себя слишком сильно за свое неудачное прошлое. Важно двигаться вперед с новым мышлением, созданным союзником с суровой верой, которая вырастет в твоем сердце, когда ты отдашь свою жизнь моему отцу. Поверь мне, он будет единственным спасением для всех твоих проблем.

Вот, ему сказали, что все будет даровано ему, пока он всегда идет по пути добра. Поэтому стремитесь сохранять заповеди святых и рекомендации святых. Не гордитесь ими, потому что, по примеру жизни, они могут узнать Бога посреди развалины. Подумай об этом и удачи.

Встречаются с семейными проблемами

С тех пор как мы родились, мы стали частью первого человеческого сообщества, которое является семьей. Это основа наших ценностей и ориентиров в наших отношениях. Кто бы ни был хорошим отцом, мужем или сыном, он также будет великим гражданином, выполняющим свои обязанности. Как и любая группа, разногласия неизбежны.

Я не прошу вас избегать трения, это практически невозможно. Я прошу вас уважать друг друга, сотрудничать друг с другом и любить друг друга. Соединённая семья никогда не закончится, и вместе может завоевать великие вещи.

На небесах также существует духовная семья: Королевство Яве, Иисус и Божественный. Это королевство проповедует справедливость, свободу, понимание, терпимость, братство, дружбу и прежде всего любовь. В этом духовном измерении нет боли, плача, страданий или смерти. Все осталось позади, избранные преданные одеты новым телом и новым сущностью. Так написано: "Благочестивые будут сиять, как солнце в царстве отца".

Преодолеть болезнь или даже смерть

Физическая болезнь — это естественный процесс, который происходит, когда что-то не подходит к нашему телу. Если болезнь не является тяжелой и преодолевает, она играет роль естественной чистки души, укрепляющей скромность и простоту. В страдании от болезни мы находимся в момент нашего маленького и одновременно мы наводняем величием Бога, который может сделать что угодно.

В случае смертельной болезни это окончательный паспорт на другой план, и согласно нашему поведению на местах мы выделяемся в конкретном плане. Возможности таковы: ад, лимбо, небо, город мужчин и чистилище. Каждый из них предназначен для одного из них согласно их эволюционной линии. На данный момент мы получаем только то, что заслуживаем, не больше, не меньше.

Для тех, кто остается на земле, следует стремление к семейным останкам и жизни. Мир не останавливается ни для кого, ни для кого не подменяется. Но все равно остаются добрые деяния и свидетельствуйте о нас. Все пройдет, кроме власти Аллаха вечного.

Встречайся с собой

Где моё счастье? Что делать, чтобы оставаться на Земле? Это то, о чем спрашивают многие. Не так уж много торгового секрета, но победители обычно являются теми, кто посвящает свое время на благо других и человечества. Служив другим, они чувствуют себя полными и готовы любить, связывать и выигрывать.

Образование, терпение, терпимость и страх перед Богом являются ключевыми элементами в формировании редкой и достойной личности. И если человек (в День Суда) найдет Аллаха, то он [Аллах] знает, чего хочет (и) желает для своей жизни. Ты можешь даже думать, что ты на верном пути, но без этих качеств ты просто будешь фальшивой. Ты любишь только тех, кто действительно сдается и понимает друг друга. Узнай, что я чист, осведомлен о моих богов, Бог, благотворительных деяниях, посвященных моим проектам, пониманию, благотворительности и любви. Это будет особенным для моего отца, и мир будет сохранен. Помните: нет для большей бездна или тьмы в вашей жизни, от слабости приходит сила.

София

Справедливость

Правосудие и несправедливость являются пороговыми значениями друг для друга, и они очень относительны. Давайте разделим его на две ветви: царство Божие и власть человеческих. Помяни Бога, справедливость тесно связана с суверенитетом Яве, который продемонстрирован его заповедями, в общей сложности 30 согласно моему видению. Это практическое дело: либо ты следуешь нормам царства Аллаха, либо нет, а для тех, кто не видит величия этих целей, остается жалким, что потерянная душа. Однако восставшие души, которые в какой-то момент жизни снова восстанут, могут твердо верить в милость Яве, его святого отца. Бог, отец — это бесконечное задание.

Правосудие человека имеет свои руководящие принципы в каждой стране. Мужчины со временем стремятся обеспечить мир и право на земле, хотя это не всегда происходит. Это обусловлено устаревшим законодательством, коррупцией, предрассудками в отношении несовершеннолетних и самой неспособностью человека. Если вы чувствуете себя обиженным, как я когда-либо чувствовал, что вы молитесь Богу. Он поймет боль и обеспечит победу в нужное время.

Несправедливость во всех отношениях — зло древнего и современного человечества. С ним нужно сражаться, чтобы праведные могли получить то, что по праву. Что не может случиться, так это попытка правосудия? Помните, что Аллах не судит и осуждает кого-либо.

Когда я взываю к вам, отвечайте мне, Богу моего благочестия".

Приют в нужное время

Мы — духовные существа. В какой-то момент нашего существования на небесах мы избираемся и воплощаемся в человеческом теле в момент оплодотворения. Цель заключается в выполнении миссии, развиваясь с другими людьми. Некоторые с большими миссиями, другие с меньшими, но все с функцией, которую планета не может сдаться.

Наш первый контакт в семье, и обычно с этими людьми мы живем дольше и в течение всей жизни. Даже дети, вступающие в брак с семейными узами, не утрачивают.

С социальным контактом у нас есть доступ к другим нашим взглядам. Именно там и лежит опасность. В наши дни у нас огромное поколение молодых людей, стремящихся к злу. Они подростки и взрослые, которые не уважают своих родителей, поклоняются наркотикам, и чтобы украсть и даже убивать. Даже так называемые доверенные люди могут скрывать опасность, когда они пытаются повлиять на нас на зло. Есть и другая сторона:

бомбардировка, насилие, издевательство, предрассудки, ложь, предательство, предательство, предательство, предательство многие не веруют в человечество и близко к новой дружбе. Приветствую, что очень трудно найти надежных людей, но, если ты один из этих счастливчиков, держи их на правой и левой стороне груди до конца жизни.

Когда вы попадете в беду, обратитесь к своим близким друзьям или близким родственникам, и, если вы не найдете поддержки Аллаха в нужное время. Он единственный, кто не хочет бросать его больше, поскольку его положение не трясется. Отдавайте свою боль и веру в лучшие дни у Бога невозможного, и не раскайтесь.

"В печали ты утешил меня. Помилуй меня и послушай меня молитву.

Соблазн мира против пути Божия

Мир — это великая область, где дети Божии и дьявол работают ради своих целей. Как и в любом мире, отстающих в развитии, мы живем кровавой двойственностью, которая объединяет людей в общество.

Хотя мы говорим, что большинство людей имеют хорошие намерения, то, что вы видите, это виртуализация здравого смысла. Большинство предпочитают мирскую жизнь перед Аллахом. Люди жаждут власти, денег, конкурируют за престиж, тонут в неуправляемых партиях, практикуют отчуждение и ненависть, практикуют сплетни и клевету других, предпочитают поднимать иерархию, обманывая, осуждая и передавая другим. Я, как представитель Яве, не сомневаюсь, что эти люди не являются Богом. Они — дочери дьяволов, которые будут гореть безжалостно в личинках бездна. Это не суждение, это реальность в отношениях со сбором растений.

Если у вас есть ценности и вера в добро, я приглашаю вас стать частью королевства вашего отца. Отрицая мир, ты наконец увидишь величие и доброту нашего Бога. Отец, который принимает тебя таким, какой ты есть, и который любит тебя сильнее, чем твой разум, достигает. Выбирай. Здесь все мимолетно и рядом с нами, вы можете испытать то, что слово действительно означает "Полное счастье".

О люди! Как долго ты будешь усердствовать его сердце, любовь к лжи и искать лжи? (Пса Алом 4:3).

Узнаюсь с Яхве

Яве — самое замечательное, что там было. Судя по моему опыту, я знаю лицо этого любящего отца, который всегда хочет нашего блага. Тогда почему бы не дать ему шанс? Дайте крест и надейтесь на него, чтобы сильная рука могла изменить вашу жизнь. Я гарантирую, что ты больше не будешь прежним. Я искренне надеюсь, что вы отразите эти несколько слов и примете окончательное решение в своей жизни. Кроме того, я буду ждать тебя. Удачи. Я люблю вас, братья!

Праведные и отношения с Яхве
Отношения с Яхве

Всегда благодари своего духовного отца за все благодеяния, дарованные ему в течение всей его жизни. Благодарность и счастье, что Яве дал ему жизнь — это обязанность. Его имя свято и покрыто славой во всех частях мира. В случае бедствия или нужды прибегнуть к нему, и, конечно, она откроет свои пути, которые будут определять окончательное решение вашей проблемы.

Кстати, о проблемах, многие из них являются причиной действий своих врагов. Обращайся с уверенностью к моему отцу и любому, кто хочет зла, споткнутся. Знайте, что отец всегда будет рядом с вами, просто будьте уверены в нем. Благословенно Отец всегда отдыхает. Однако, вы должны попробовать подход с вашим недовольством. Сделай своего врага близким и верным другом или хотя бы иметь дружественные отношения. Интрига держит душу во тьме, подальше от божественных действий и не стоит жаловаться на отсутствие, вы сами держали ее подальше от обиды и презрения к другим. Подумай об этом.

Да, Бог будет любить тебя и оправдывать твои ожидания в той степени, которую ты сделал другим. Убедитесь, что, если вы полностью откажетесь от него, он будет сражаться за вас во всех внутренних и внешних войнах. Он сможет открыть море или уничтожить народы ради своего блага, потому что вы обратились к нему с покаянием.

Он делает так, чтобы петь свою славу и в печали, что его душа присоединяется к избранным душам, чтобы обуздать Иисуса. Царство Аллаха строится мало, и большинство его членов являются бедными и смиренными. В этом духовном измерении существует только мир, счастье, вера, равенство, сотрудничество, братство и любовь, не ограничиваясь его членами. Те, которые отправились на путь тьмы, теперь — озеро Огня и камня, где их мучают день и ночь за то, что они совершали грехи.

Это называется божественной справедливостью. Правосудие дает то, что каждый заслуживает по праву, и он делает это в честь угнетенных, меньшинств, страдающих бедных, всех маленьких в мире, которые страдают от консервативной элиты. Помимо правосудия, божественная милость обнаружена и непроницасма для любого разума. Вот почему он — Бог, тот, кто всегда будет с открытыми объятиями, чтобы принять своих детей.

Что ты должен сделать

Я встретил божественного отца в самый трудный момент в моей жизни, в тот момент, когда я был мертв, и мои надежды закончились. Он научил меня своим ценностям и полностью реабилитировал меня. Он может сделать то же самое с тобой. Все, что тебе нужно сделать, это принять действия его славного имени в его жизни.

Я следую некоторым основным ценностям: сначала любовь, понимание, уважение, эквивалентность, сотрудничество, терпимость, солидарность, скромность, свобода и преданность миссии. Постарайтесь заботиться о своей жизни и не кичитесь друг другу, потому что сердца судей Яве. Если кто-то обидит тебя, не переосмысляй другую щеку и преодолевай свою обиду. Все промахиваются и заслуживают другого шанса.

Попробуй занять свой разум работой и отдыхом. Бесконечность — опасный враг, который может привести тебя к окончательному разрушению. Всегда есть что сделать.

Также стремитесь укреплять духовную часть, часто посещайте церковь и получайте совет от вашего духовного наставника. Всегда хорошо иметь второе мнение, когда мы сомневаемся в том, что необходимо принять какое-то решение. Будь осторожен и учись на своих ошибках и успехах.

Прежде всего, будь собой во всех ситуациях. Никто не изменяет Богу. Будьте простыми и верны, что Бог возложит вам еще большие позиции. Их величие на небе будет определено в их рабстве, и самые маленькие земли будут обретены особыми местами, близкими к свету.

Я даю вам всю надежду

Лорд Яве, вы, смотрите, как я работаю днем и ночью, просите у вас руководства, защиты и храбрости, чтобы продолжать носить мои кресты. Благослови мои слова и действия, чтобы они всегда были хорошими, избили моё тело, душу и мой разум. Пусть мои мечты сбудутся, не так далеко, как бы они ни были. Не позволяй мне повернуть направо или налево. Когда умрешь, дай мне благодать жить с избранным. Аминь.

Дружба

Настоящий друг — тот, кто с тобой в тяжелые времена. Он тот, кто защищает тебя своей душой и жизнью. Не обманывай. Во времена Бон Анисы, вы всегда будете окружены людьми с самыми разнообразными интересами. Но в темные времена остаются только истинные. В основном, твоя семья. Те, которые так много намекают и хотят получить свое блага, являются своими истинными друзьями. Другие люди всегда приближаются из-за преимуществ.

"Ты будешь есть со мной медовый хлеб только если будешь есть траву со мной". Эта истинная фраза, которой мы должны отдать истинную ценность. Проходящее богатство привлекает много интересов, и люди меняются. Знай, как думать о вещах. Кто был с тобой, бедный? Эти люди заслуживают твоего вотума уверенности. Не обманывай ложные страсти, которые причиняют боль. Анализируй ситуацию. Разве у кого-то то же было бы, то же чувство, если бы ты был бедным нищим? Медитируйте на ней, и вы найдете ответ.

Тот, кто отвергает тебя, не достоин своей любви. Любой, кто боится общества, не готов быть счастливым. Многие боятся быть отвергнутыми из-за своей сексуальной ориентации отвергают своих партнеров публично. Это вызывает серьезные психологические расстройства и постоянные эмоциональные боли. Пора пересмотреть свой выбор. Кто на самом деле любит тебя? Уверен, что человек, который отверг тебя на публике, не среди них. Возьми смелость и измени траекторию своей жизни. Оставь прошлое позади, придумай хороший план и двигайся дальше. Как только вы перестанете страдать за другого и заберете поводья своей жизни, ваш путь станет легче и легче. Не бойся и не бери радикальное отношение. Только это может освободить тебя.

Прощение

Прощение крайне необходимо для достижения мира в сознании. Но что значит прощать? Прощение не забывает. Простить — это прекратить ситуацию, которая принесла тебе печаль. Невозможно стереть воспоминания о том, что произошло. Это ты заберёшь с собой до конца жизни. Но если ты застрянешь в прошлом, ты никогда не будешь жить в настоящем, и ты не будешь счастлив. Не позволяй другим забрать твой мир. Прости меня за продвижение вперед и новую жизнь. Прощение наконец освободит тебя, и ты будешь готов к новому видению жизни. Тот человек, который заставил тебя страдать, не может разрушить твою жизнь. Думай, что есть и другие хорошие люди, способные обеспечить тебе хорошие времена. Будь позитивным настроем. Все может стать лучше, когда ты в это веришь. Наши позитивные вибрации влияют на нашу жизнь таким образом, чтобы мы смогли победить. Не надо негативных или мелочных отношений. Это может привести к разрушительным результатам. Избавься от всего зла, которое проходит через твою душу и фильтровать только хорошее. Просто оставь то, что добавляет тебе хорошего. Поверь мне, твоя жизнь станет лучше после такого отношения.

Говори откровенно с этим. Проясни свои ожидания. Объясни, что ты простил, но не дашь ему второго шанса. Возрождение любящего прошлого может быть крайне разрушительным для обоих. Лучший выбор — пойти в новое направление и попытаться быть счастливым. Мы все заслуживаем счастья, но не все в него верят. Знай, как ждать времени Божьего. Будь благодарна за то, что у тебя есть. Продолжай искать свои мечты и счастье. Все происходит в нужное время. Планы создателя на нас идеальны, и мы даже не знаем, как понять. Отдайте свою жизнь полностью в божественном замысле, и все будет хорошо. Прими свою миссию радостью, и тебе будет приятно жить. Чувство прощения изменит вашу жизнь так, как вы и не задумывались, и это плохое событие станет только устаревшим препятствием. Если не научишься влюбляться, то научишься страдать. Это выражение, применимое к такой ситуации.

Найди свой путь

Каждый человек имеет особую и уникальную траекторию. Нет смысла следовать каким-либо параметрам. Важно изучить возможности. Иметь достаточную информацию имеет первостепенное значение для принятия профессионального или любящего решения. Я считаю, что финансовый фактор следует учитывать, но он не должен иметь существенного значения в Вашем решении. Часто то, что делает нас счастливыми, это не деньги. Это ситуации и ощущения определенной области. Открой свой дар, обдумай свое будущее и решай. Будь счастлив со своими решениями. Многие из них определённо преобразуют нашу судьбу. Так что подумай лучше, прежде чем выбор.

Когда мы делаем правильный выбор, все в нашей жизни идеально течет. Правильные решения ведут нас к конкретным и долговременным результатам. Но если вы ошибаетесь в своем решении, измените свои планы и попытаетесь исправить это в следующий раз. Ты не заглубишь потерянное время, но жизнь дала тебе новый шанс на успех. Мы имеем право на всякий случай, когда жизнь даст нам жизнь. У нас есть право пытаться столько раз, сколько нужно. Кто никогда не совершал ошибок в своей жизни? Но всегда уважать чувства других. Уважай решения других людей. Прими свою неудачу. Это не уменьшит твою способность. Прими свое начало и не греши снова. Помнишь, что сказал Иисус? Мы можем даже простить, но тебе должно быть стыдно и изменить свое отношение. Только тогда ты будешь готова снова быть счастливой. Верь в свои качества. Имей хорошие этические ценности и никому не унижай себя. Сделай новую историю.

Как жить на работе

Работа — это наш второй дом, расширение нашего счастья. Это должно быть гармоничное место, дружба и соучастие. Однако это не всегда возможно. Почему это происходит? Почему я не счастлива на работе? Почему меня преследуют? Почему я так много работаю, а я все еще бедна? Эти и многие другие вопросы можно обсудить здесь.

Работа не всегда гармонична, потому что мы живем с разными людьми. Каждый человек — мир, у него свои проблемы, и он влияет на всех вокруг. Там и происходят драки и разногласия. Это вызывает боль, разочарование и гнев. Ты всегда мечтаешь об идеальном рабочем месте, но, когда дело касается разочарования, это приводит к неудобству. В результате мы были несчастны. Часто его работа — его единственная финансовая поддержка. У нас нет выбора подать в отставку, хотя мы и хотим этого. Ты отменяешь и восстание. Но он остается на работе без необходимости.

Почему нас преследуют боссы и коллеги? Есть много причин: зависть, предрассудки, авторитаризм, безнадежность. Это навсегда. Это вызывает чувство неполноценности и разочарования. Ужасно сохранять мир, когда ты хочешь кричать на мир, что правильно. Ты отлично справляешься, и тебя не узнают. Ты не получаешь комплиментов, но твой босс высказывает критику тебя. Кроме того, ты ударил тысячу раз, но, если ты ошибаешься, когда тебя называют некомпетентным. Хотя я знаю, что проблема не в тебе, она порождает последовательную травму, грешит твой разум. Ты становишься объектом работы.

Почему я так много работаю, а я бедная? Это должно быть отражение. Мы живем в капитализме, дикой экономической системе, в которой бедные используются для создания богатых, но, это происходит во всех секторах экономики. Но быть наймом может быть вариантом. Мы можем заниматься почти во всех секторах с небольшими деньгами. Мы можем создать наш бизнес и стать боссом самих себя. Это дает нам невероятную уверенность в себе. Но ничего не может быть сделано без планирования. Мы должны оценить позитивную и негативную сторону, с тем чтобы мы могли решить, какой из них наилучший способ. Нам всегда нужно иметь прошлое, но прежде всего, чтобы быть счастливыми. Кроме того, нам необходимо проявлять инициативу и стать ведущими в нашей истории. Нам нужно найти "место встречи" наших нужд. Помните, что вы единственный, кто знает, что лучше для вас.

Жить с жестокими людьми на работе

Часто на работе ты находишь худшего врага. Тот скучный человек, который преследует тебя и изобретает вещи, которые причиняют тебе боль. Другим не нравишься ты без видимой причины. Это так больно. Жить с врагами — ужасно. Нужно много контроля и храбрости. Нам нужно укрепить психологическую сторону, чтобы преодолеть все эти препятствия. Но есть и другой вариант. Вы можете менять работу, запрашивать перевод или создавать собственный бизнес. Изменение условий иногда помогает многое в твоей ситуации.

Как справляться с преступлениями? Как реагировать перед лицом словесных атак? Не думаю, что хорошо держать рот на замке. Это даёт ложное впечатление, что ты дурак. Реально. Не позволяй никому причинить тебе боль. Ты должен разделять вещи. Одно дело, чтобы твой босс получил результаты твоей работы, и другое — это преследовать тебя. Не позволяй никому душить твою свободу. Будь самостоятельным в своих решениях.

Готовлюсь к получению автономных доходов на работу

Чтобы иметь возможность уйти с работы и быть независимыми, нам нужно проанализировать рынок. Вложить свой потенциал в то, что ты любишь больше всего. Здорово работать над тем, что тебе нравится. Вы должны сочетать счастье с финансовыми доходами. Работать и заработать хороший финансовый резерв. Потом вложитесь в планирование. Рассчитайте все ваши шаги и шаги. Исследования и консультации экспертов. Будь уверена в том, чего хочешь. С помощью способа уйти, для тебя всё будет проще.

Если ваш первый вариант не сработает, переоценка вашего пути и сохранение в своих целях. Верь в свой потенциал и талант. Важными элементами успеха являются мужество, решимость, смелость, вера и настойчивость. Поистине, Аллах — первый, и все остальное — добавлено. Верь в себя и будь счастлив.

Анализ вариантов специализации в области исследований

Исследование имеет важное значение для рынка труда и для жизни в целом. Известные агрегируют и преобразуют нас. Читая книгу, проходя курс, имея профессию, и широкий взгляд на вещи помогает нам расти. Знание — наша сила против нападений невежества. Это ведет нас на более четкий и более точный путь. Поэтому специализируйтесь на своей профессии и будьте компетентным профессионалом. Будь оригинальным и создай потребительские тенденции. Освободите себя от пессимизма, рискуйте и упорствуйте. Всегда верь в свои сны, потому что они твой компас в долине тьмы. Мы можем сделать все, что в нем укрепляет нас.

Проведите исследование в области вашей компетенции. Создать механизмы обучения. Перестань. Быть тем, о чём ты всегда мечтал, возможно. Все, что нужно, это один план действий, планирование и сила воли. Создай свой успех и будешь счастлив. Очень успешно для тебя.

Как жить в семье

Что такое семья

Семья — это люди, которые живут с тобой, независимо от того, родственники они или нет. Это первое семейное ядро, в котором ты участвуешь. В целом в состав этой группы входят отец, мать и дети.

Создание семьи имеет основополагающее значение для развития человеческого потенциала. Мы учимся и учимся в этом маленьком семейном ядре. Семья — наша база. Без нее мы ничто. Вот почему это чувство принадлежности к чему-то наполняет душу человеческим существом.

Однако, когда мы живем с ревнивыми или злобными людьми, это может помешать нашей личной эволюции? В этом случае применяется следующая фраза: "Лучше, чем неэффективно сопровождается". Мужик, также нужно расти, завоевать его пространства и создать семью. Это часть естественного закона жизни.

Как уважать и уважать

Величайшим правилом жизни в семье должно быть уважение. Хотя они могут жить вместе, они не позволяют другим вмешиваться в их жизнь. Подтвердите эту позицию. Займись работой, комнатой, своими людьми вещами отдельно. Каждая семья должна уважать свою личность, действия и желания.

Жить вместе или покидать дом и иметь больше частной жизни? Многие молодые люди часто задают себе этот вопрос. Судя по моему личному опыту, стоит покинуть дом только если у тебя есть какая-то поддержка за пределами дома. Поверь мне, одиночество может быть худшим из твоих врагов и плохим обращением с тобой.

Я жил четыре месяца с оправданием, что буду ближе к работе. Но на самом деле, я пытался найти любовь. Я думал, что жить в большом городе будет легче искать. Но все было не так. В современном мире люди стали сложными. Сегодня преобладает материализм, эгоизм и злость.

Я жил в квартире. Я была частной, но я чувствовала себя совершенно несчастной. Кроме того, я никогда не была молодой вечеринкой и не пила. Жить одна меня не привлекает так много. В конце концов я осознал, что мои обязанности возросли, а не уменьшились. И я решил пойти домой. Это было непростое решение. Я знал, что они прекратили мои надежды найти кого-то. Я из группы ЛГБТ. Невероятно, что у меня дома есть парень, потому что моя семья абсолютно традиционна. Они никогда не примут меня таким, какой я есть.

Я пришел домой, думая о том, чтобы сосредоточиться на работе. В возрасте 36 лет я никогда не нашел партнера. Он накапливал пятьсот отказов, и это увеличивается каждый день. Потом я спросил себя: зачем эта необходимость найти счастье в другом? Почему я не могу воплотить свои мечты в жизнь? Все, что мне нужно было сделать, это получить хорошую финансовую поддержку и я могу наслаждаться жизнью лучше. Эта мысль о том, что быть счастливой рядом с кем-то, уже давно устарела. Такое редко случается. Я продолжал жить со своими проектами. Я писатель и режиссёр.

Финансовая зависимость

Знание того, как решать финансовый вопрос, имеет первостепенное значение в наши дни. Несмотря на то, что жизнь семья, каждый должен иметь свои средства к существованию. Много раз я помогал своей семье, потому что я единственный, у кого есть постоянная работа. Но ситуация стала очень сложной, когда они просто ждали меня. Поэтому я и покинул дом. Им пришлось проснуться перед реальностью. Помощь — это хорошо, когда у тебя остались остатки. Но несправедливо, что я работаю, а другие люди наслаждаются моими деньгами больше, чем я сам.

Этот пример показывает, насколько важна осведомленность. Мы должны разделять вещи. Каждый должен стремиться к работе. Все могут выжить. Мы должны быть основными героями нашей истории, а не зависеть от других. В современном мире есть больные ситуации. Это не любовь. Это просто финансовый процент. Когда обманываешь любовь, это принесет страдания.

Я понимаю, что трудно справиться с некоторыми ситуациями. Но мы должны быть рациональными. Сын женился. Пусть он заберет свою жизнь. Внуки присматривать за ними? Вовсе нет. Это ответственность родителей. Вы, кто уже в возрасте, должны наслаждаться жизнью, путешествуя и занимаясь приятной деятельностью. Ты выполнил свою роль. Кроме того, ты не хочешь заботиться о чужих обязанностях. Это может нанести вам огромный ущерб. Сделай внутреннее отражение и посмотри, что будет лучше для тебя.

Важность примера

Когда мы говорим о детях, мы говорим о будущем страны. Так что крайне важно, чтобы у них была хорошая семейная база. В целом они отражают окружающую среду, в которой они живут. Если у нас есть структурированная и счастливая семья, то в этом примере наблюдается тенденция к тому, чтобы молодые люди следовали этому примеру. Вот почему поговорка правдива: "Тот, кто хороший сын, хороший отец". Однако это не общее правило.

У нас часто бывают молодые повстанцы. Хотя у них есть прекрасные родители, они склоняются к злу. В таком случае, не чувствуй вины. Ты сделал свою часть. У каждого человека есть своя воля. Если ребенок избрал зло, то это будет нести последствия. Это естественно в обществе. Есть добро и зло. Это личное решение.

Я выбрал хорошее, и сегодня я довольный, честный и добросовестный человек. Я пример настойчивости и надежды на мои мечты. Кроме того, я верю в ценности честности и работы.

Научи это своим детям. Успокойся и пожни хорошее. Мы — плод наших усилий, не более или менее. У каждого есть то, что заслуживает.

    Конец

www.ingramcontent.com/pod-product-compliance
Lightning Source LLC
LaVergne TN
LVHW020435080526
838202LV00055B/5204